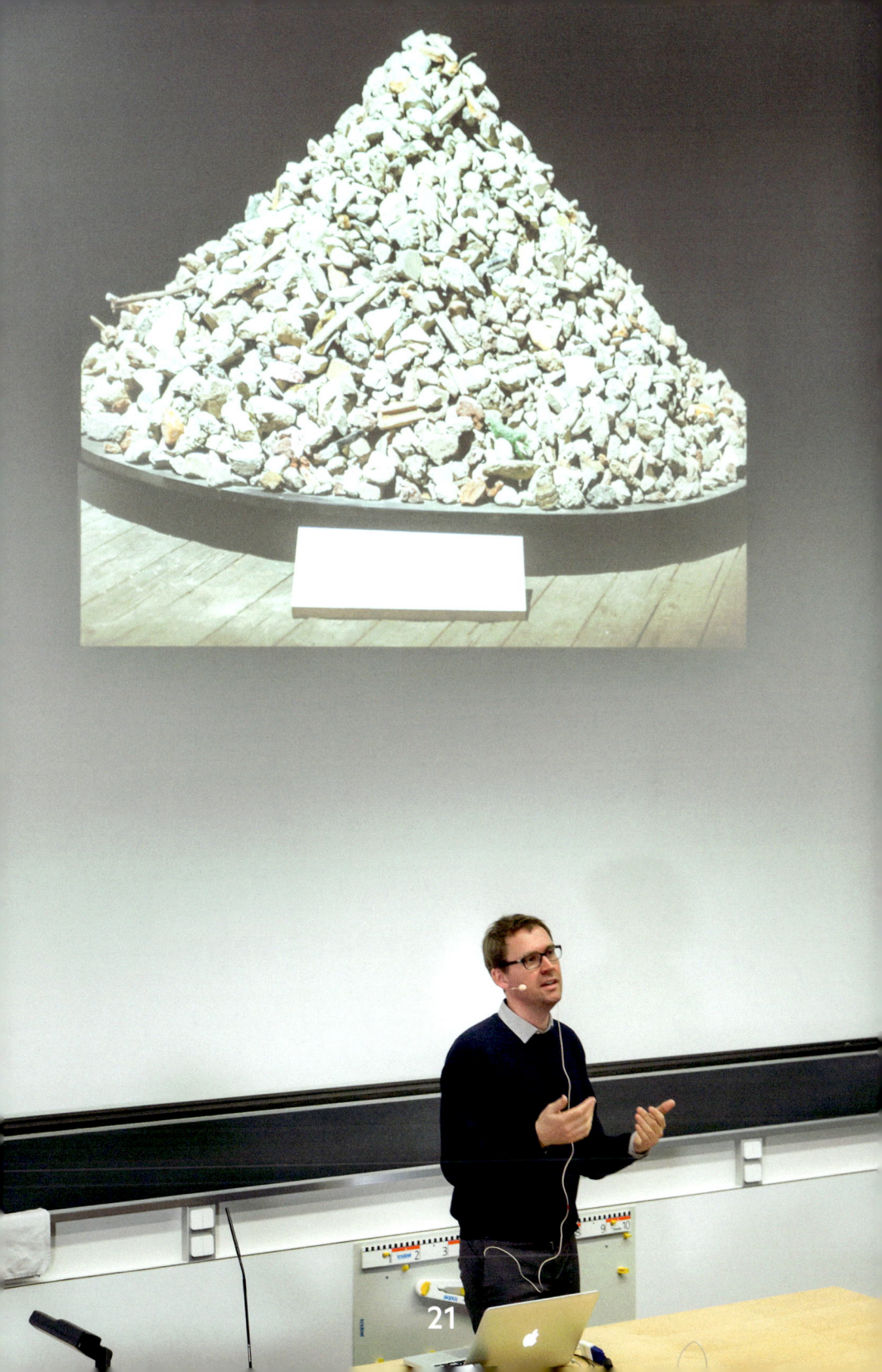

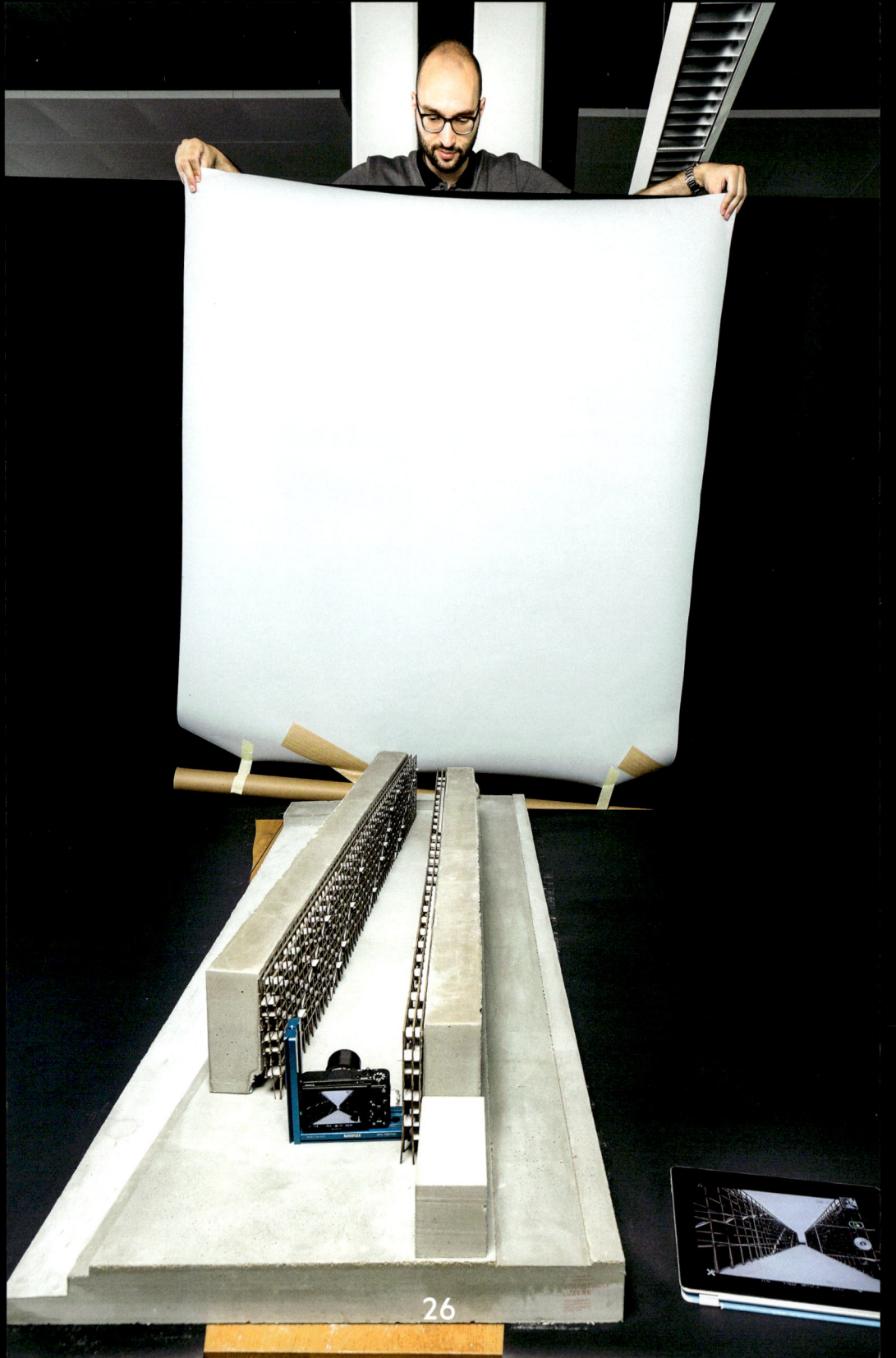

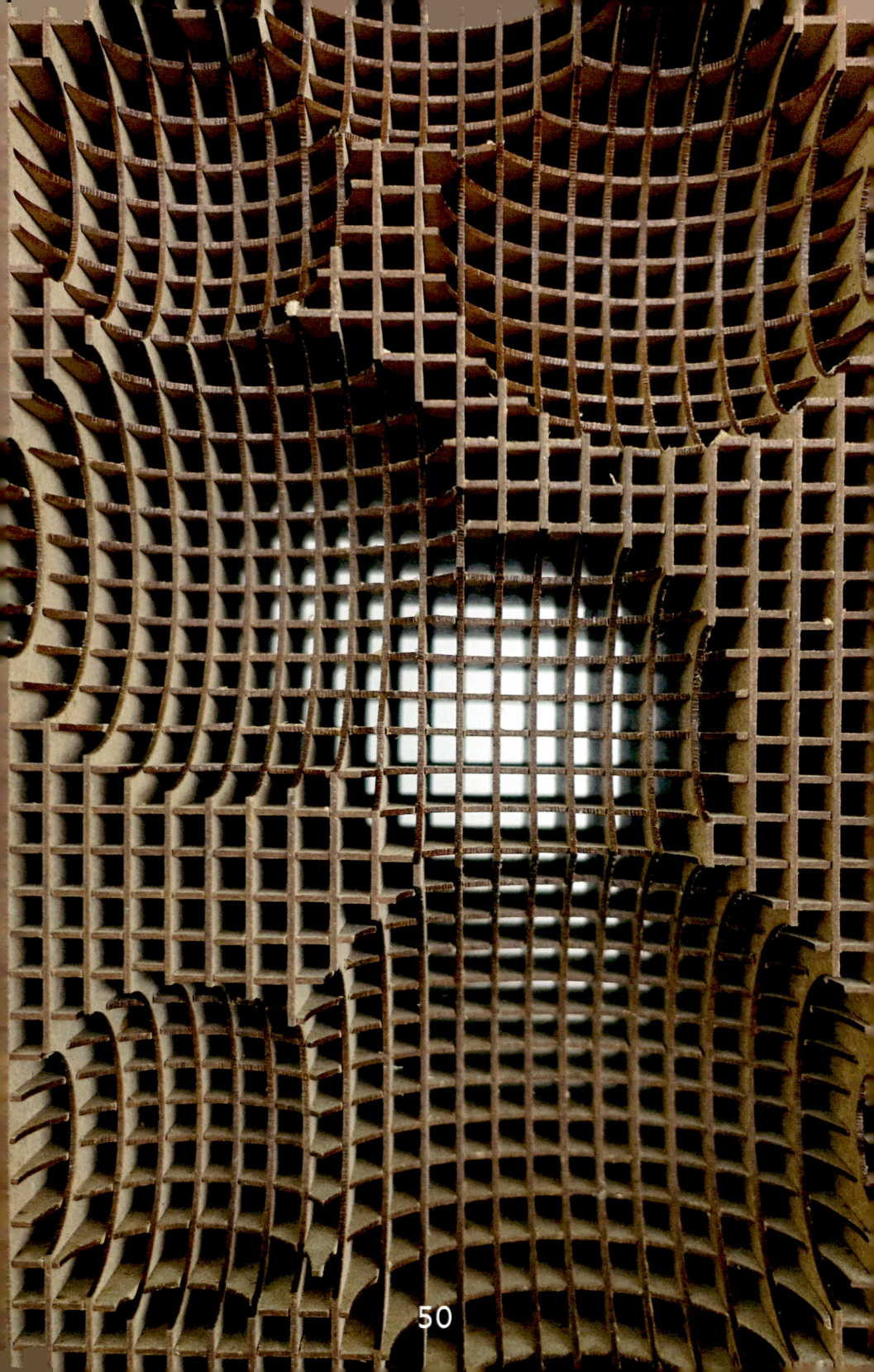

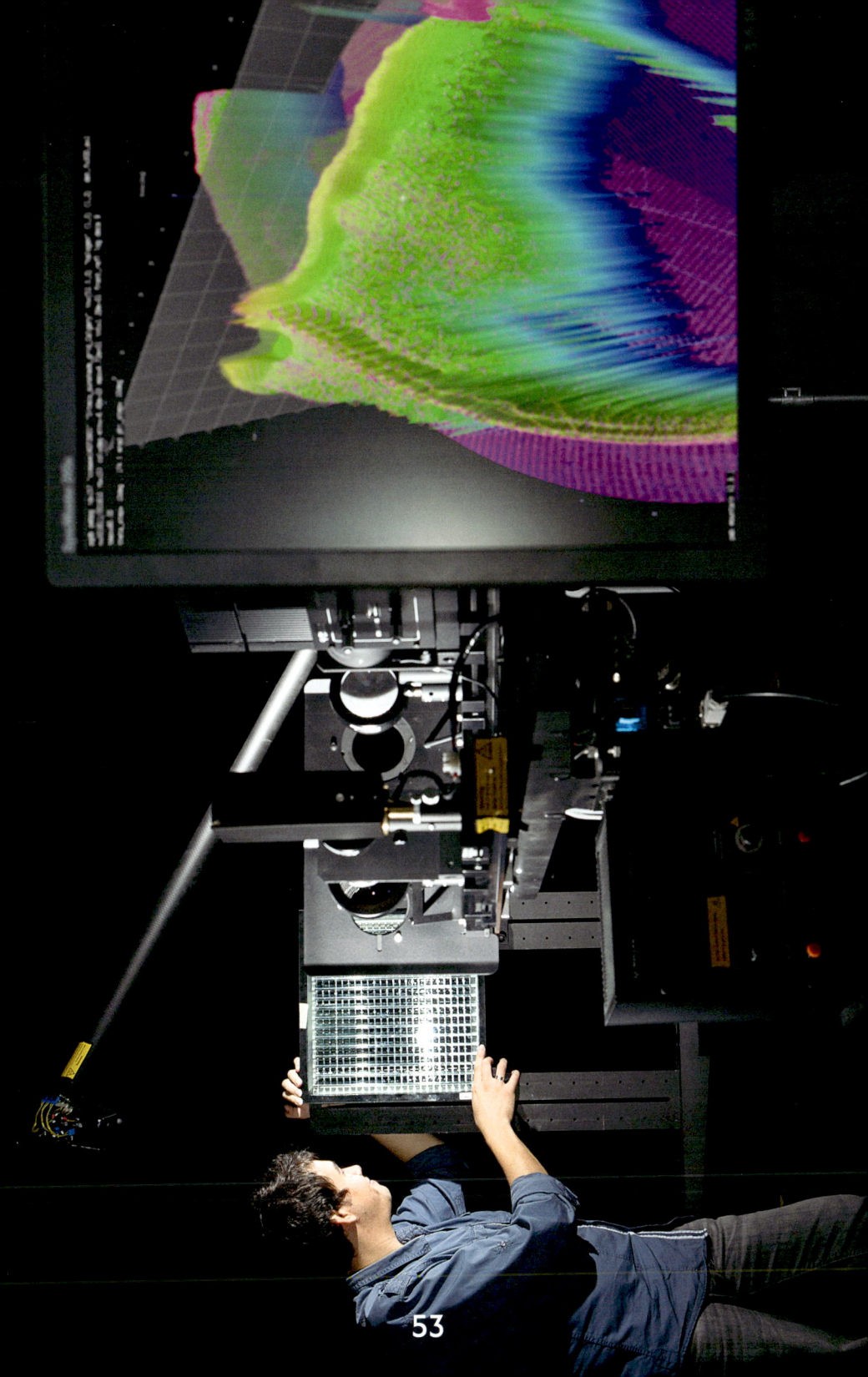

63

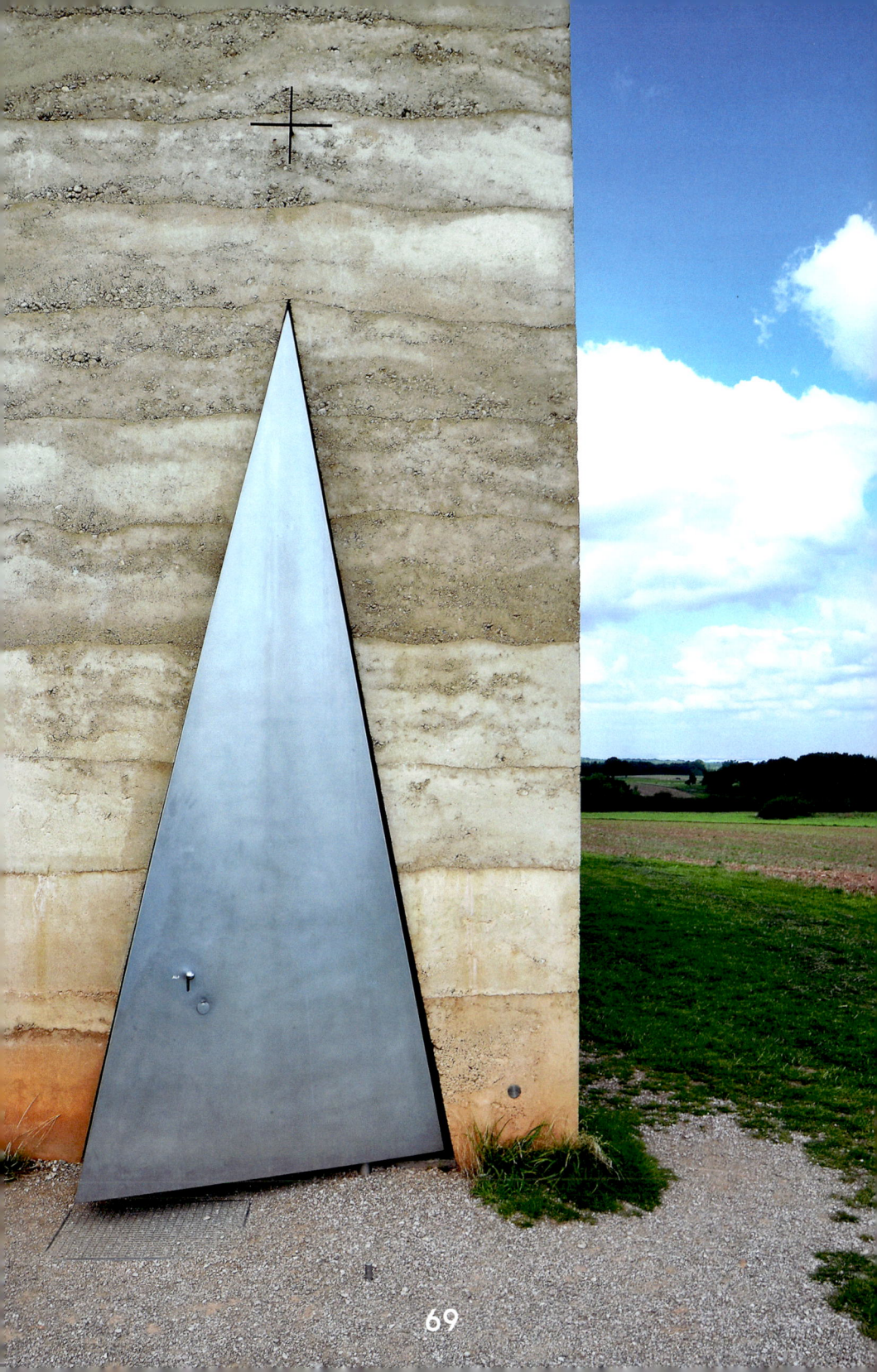

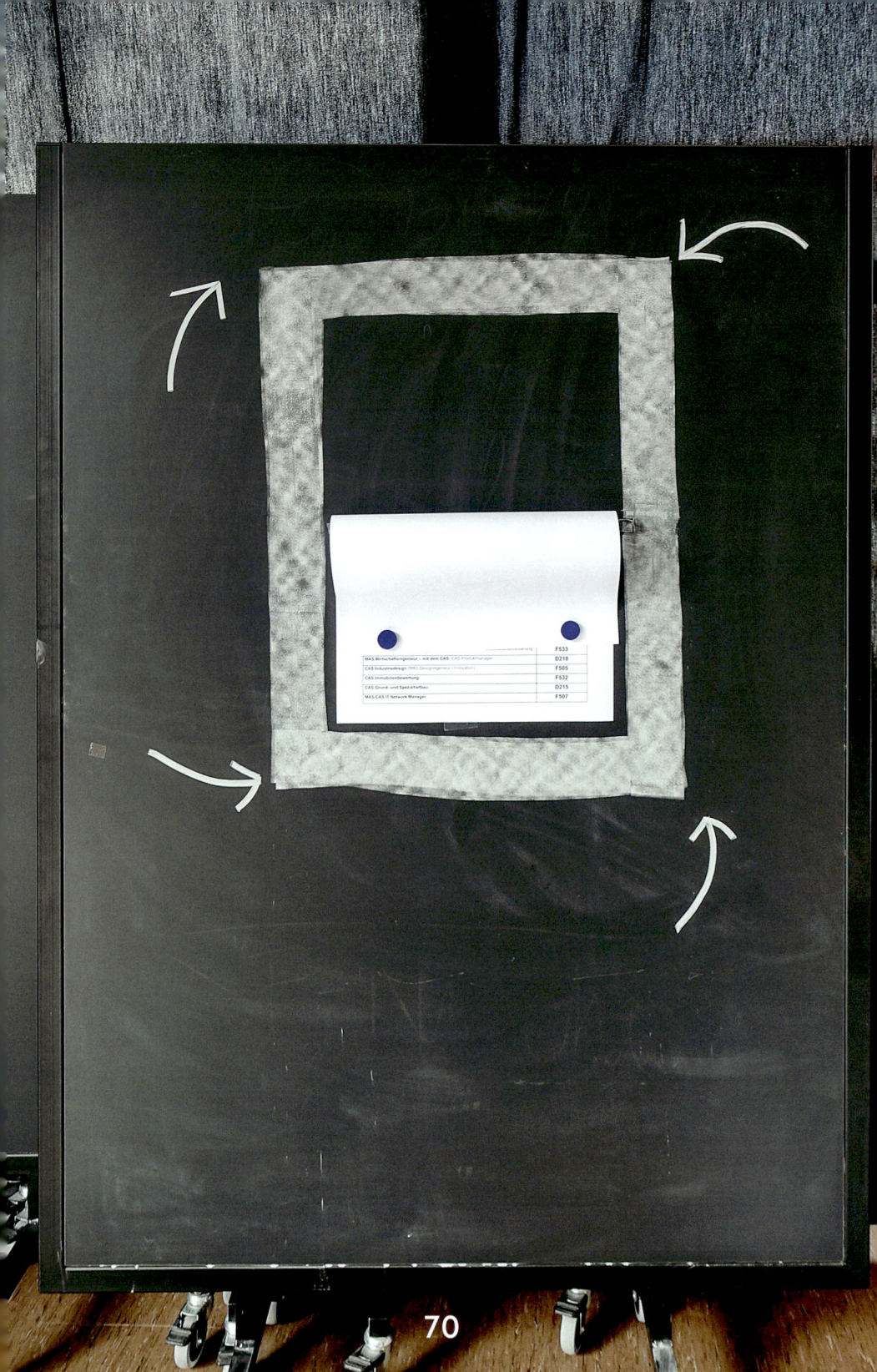

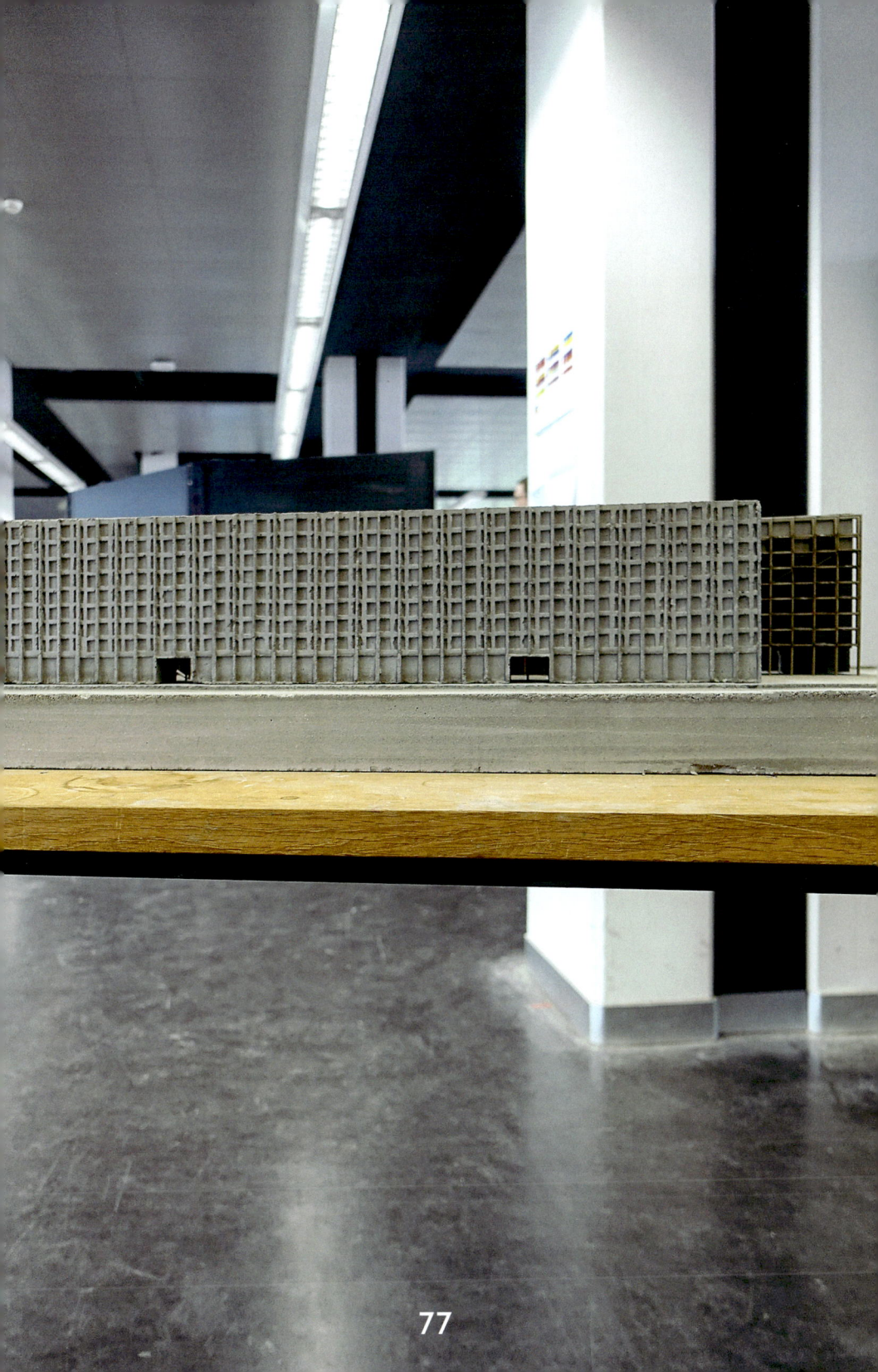

81

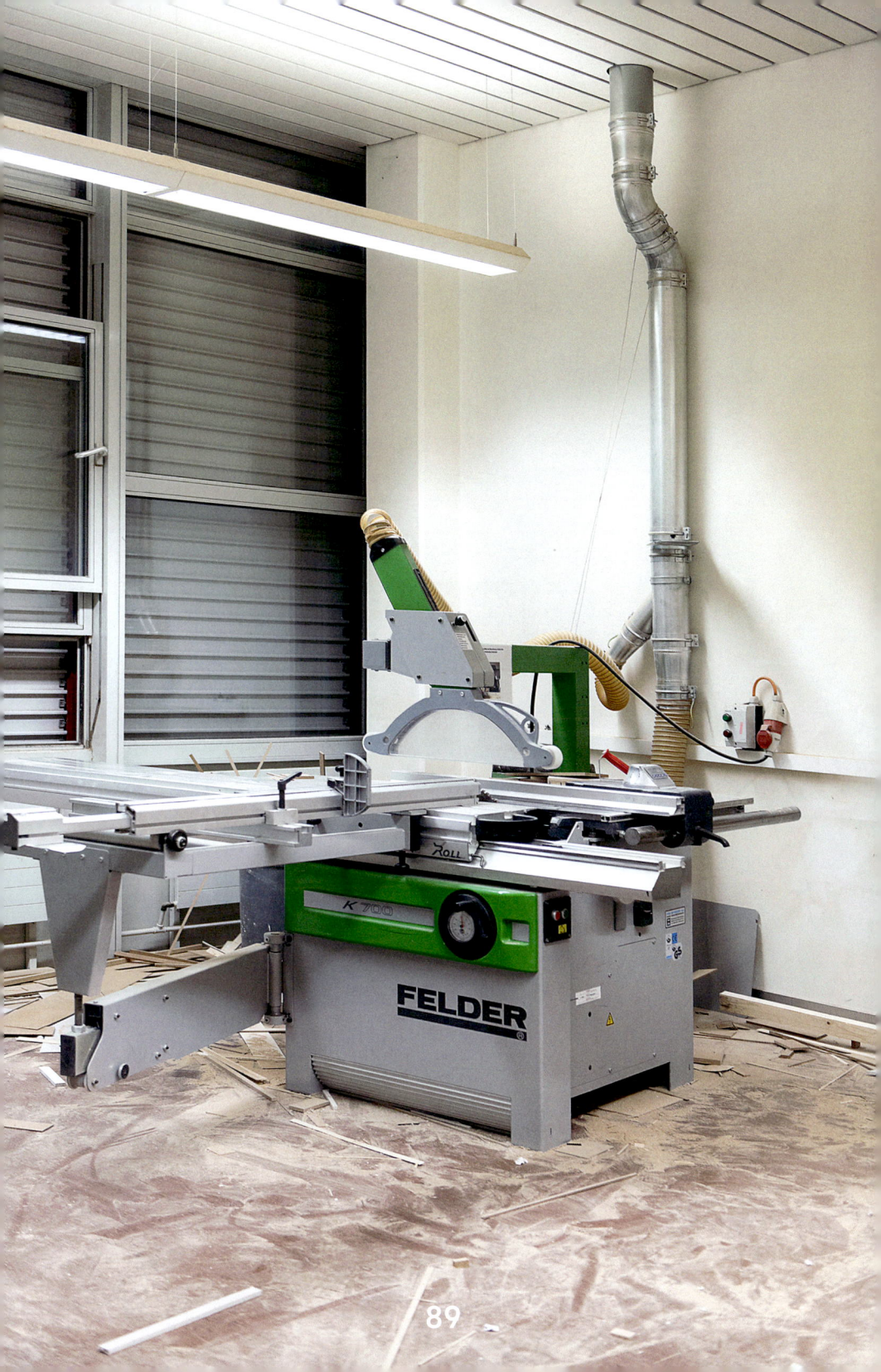

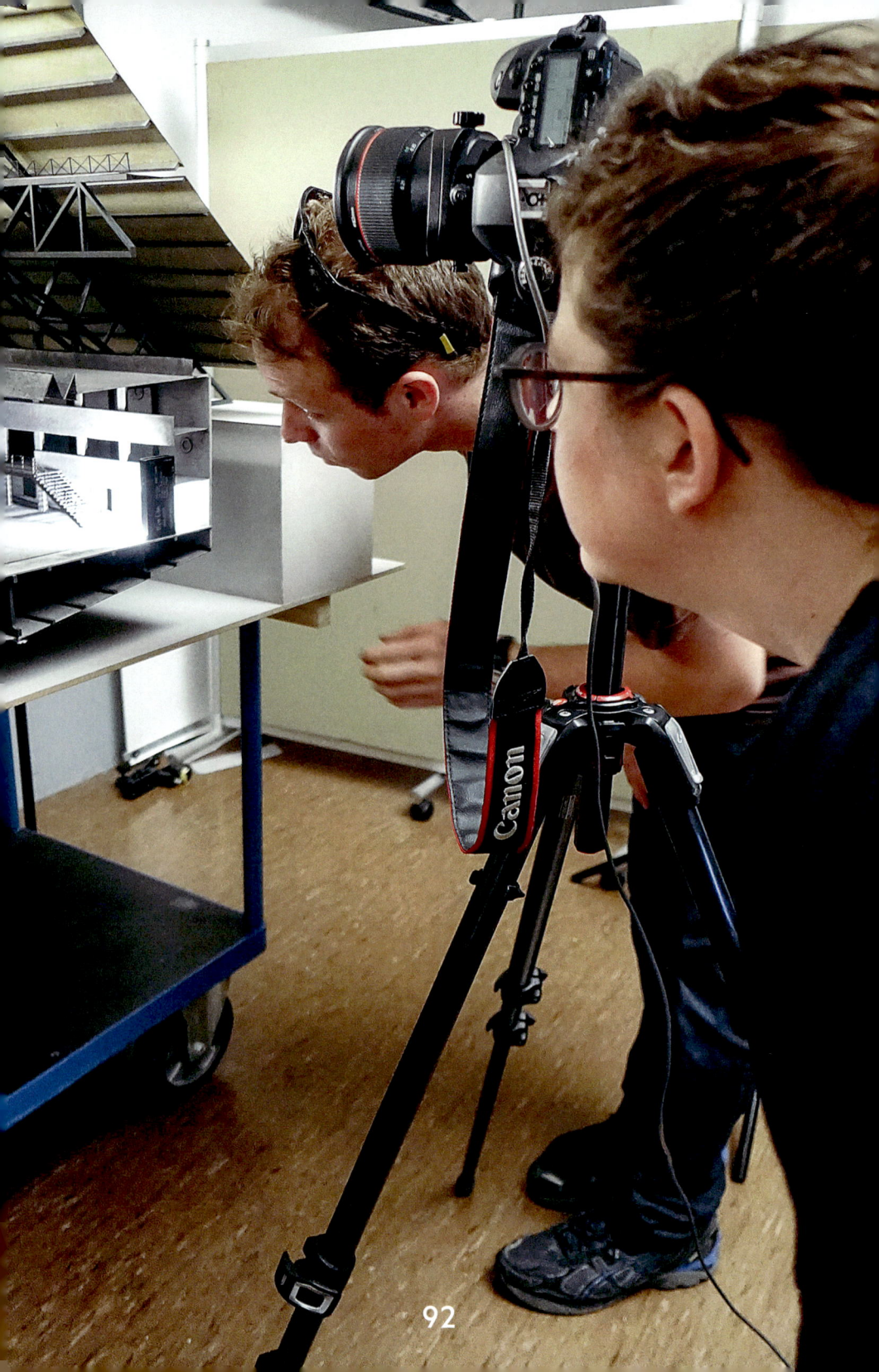

121

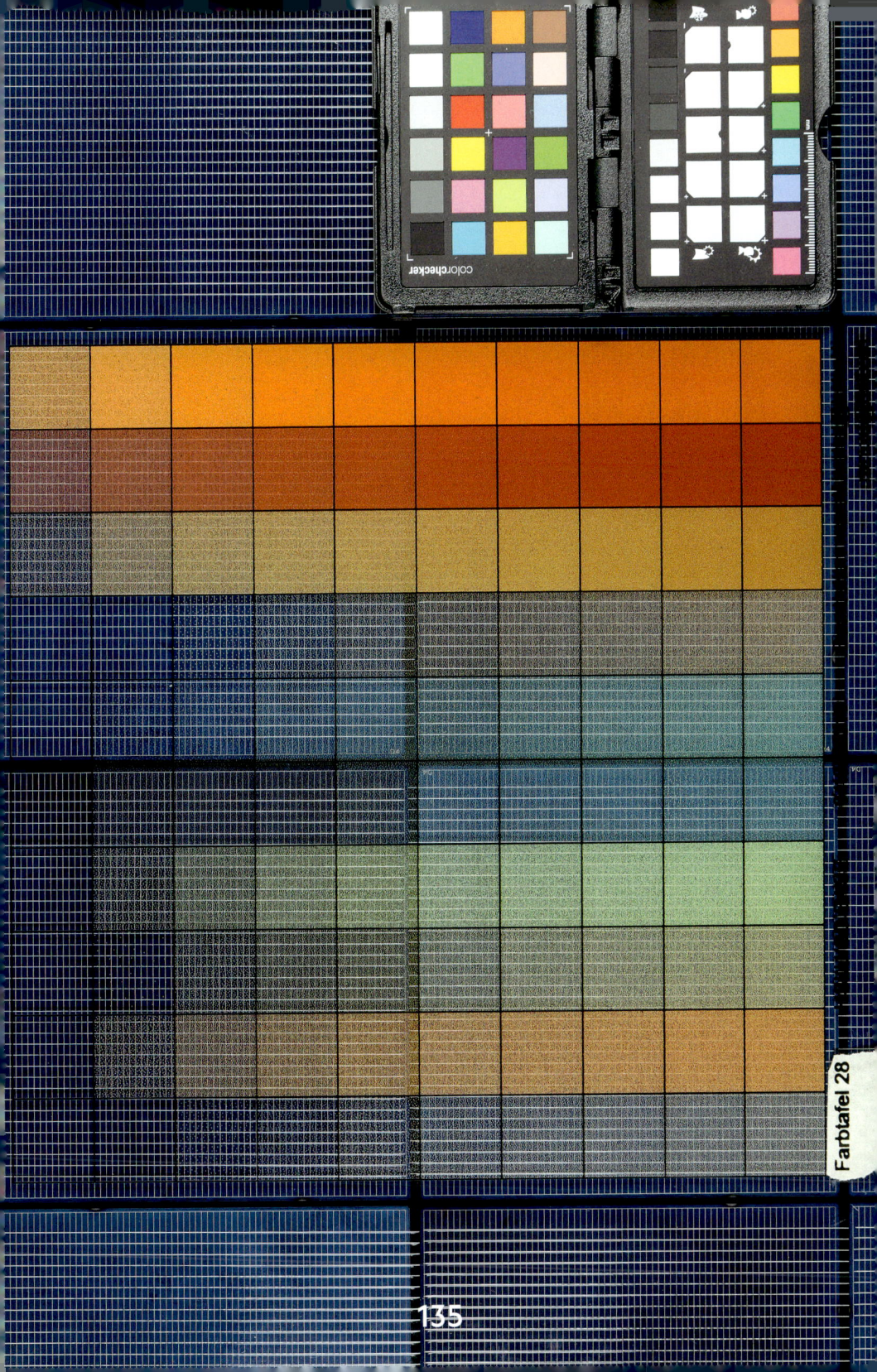

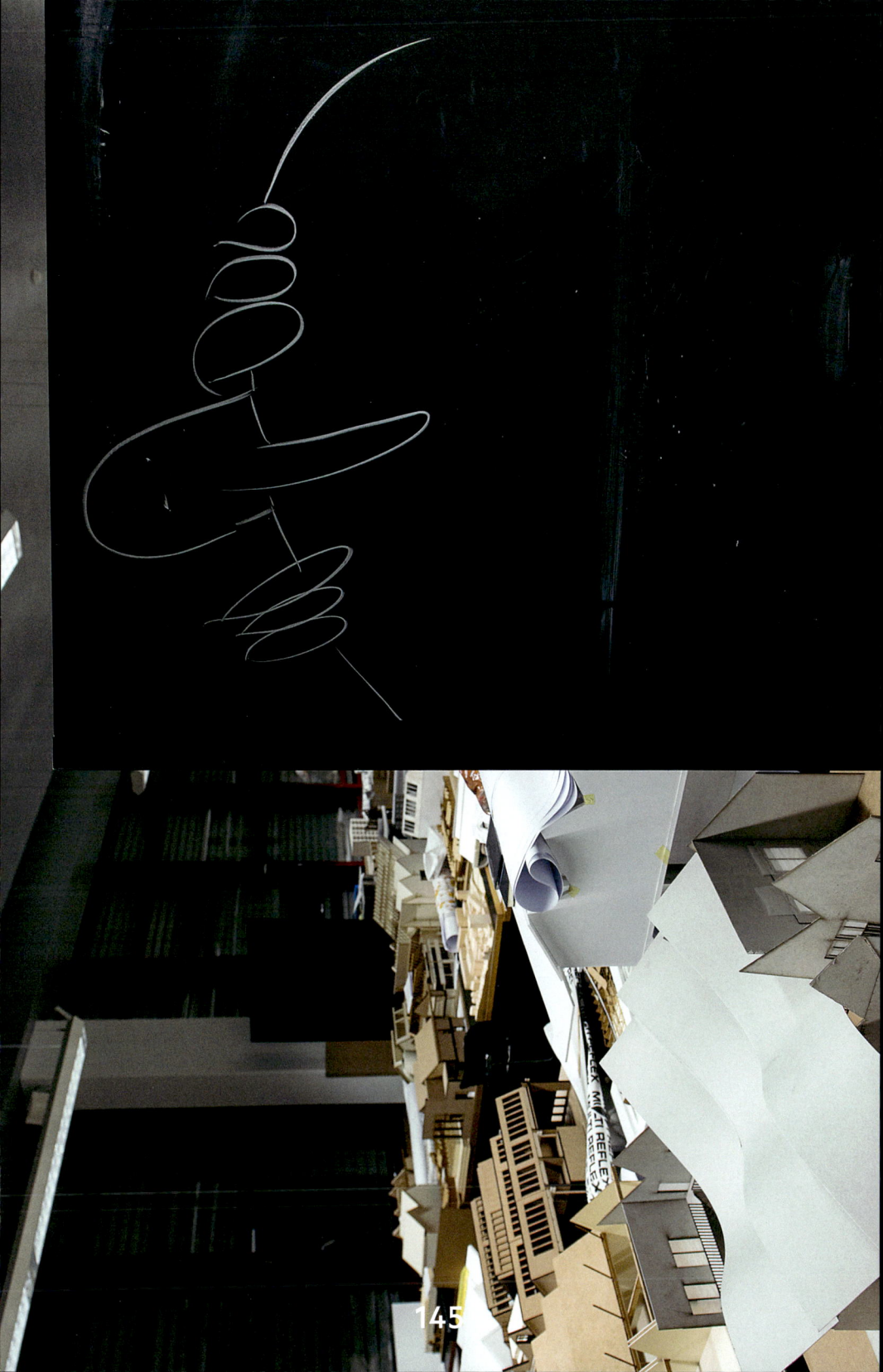

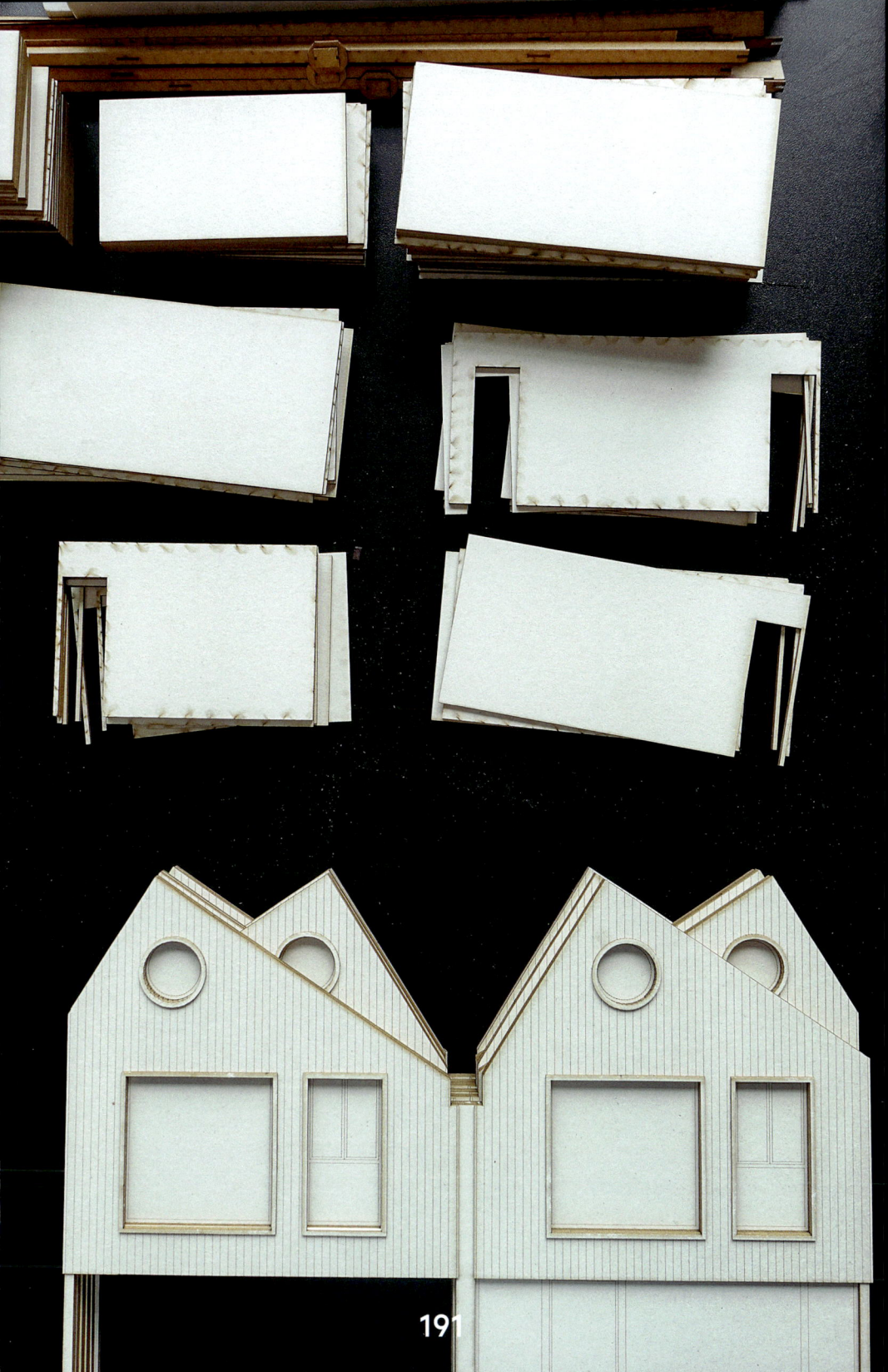

Bildlegenden / Bildnachweise

	Im Bild	Kontext	Foto
1	Kontextmodell, Atelier Ebenau		Markus Käch
2	Letzte Arbeitsschritte am Beton-Modell, Atelier F-Geschoss		Markus Käch
3	Kirche Christi Auferstehung, Köln / D (Gottfried Böhm)	Modul Externes Fachseminar	Luca Gaffuri
4	Verlassene Brauerei, Brüssel / BE	Modul Seminarwoche Architektur	Kasia Jakowska
5	Wohnungsstruktur aus Beton von T. Furter und M. Kneubühler	Modul Architektur und Raum	Markus Käch
6	Fatima De Oliveira Alves vor einem Bild von Franz Fedier		Lukas Galantay
7	Härtetest, Abreise ins Melchtal / CH	Modul Kontext Bau 1	Lukas Galantay
8	Plotterstation		Markus Käch
9	Impression vom Modellbau		Hansjürg Buchmeier
10	Lichtschirm, Fotostudio		Hansjürg Buchmeier
11	Nationalparlament, Dhaka / BD (Louis I. Kahn)	*	Philipp Betschart
12	Villa, Küsnacht / CH (Käferstein & Meister Architekten)	*	Goswin Schwendinger
13	Hinterhof in Brüssel / BE	Modul Seminarwoche Architektur	Kasia Jakowska
14	Dominic Spalt mit Modell	Masterthesis	Hansjürg Buchmeier
15	Modell von Özgür Üstel	Master Fokus Energie	Lukas Galantay
16	Silo Firma Tschopp, Buttisholz / CH (Deon AG und Hansjürg Buchmeier)	*	Markus Käch
17	Atelier F-Geschoss		Hansjürg Buchmeier
18	Spielplatz, Chäserrugg / CH	Retraite Akad. Leitungsgremium	Hansjürg Buchmeier
19	Selnau, Zürich / CH (PARK Architekten, Peter Althaus, Markus Lüscher)	*	Dominique Marc Wehrli
20	Vorbereitung Tagesmenu, Mensaküche: Nasty Tipparat		Lukas Galantay
21	Lionel Devlieger	Abteilungsvortrag	Markus Käch
22	Atelier F-Geschoss		Hansjürg Buchmeier
23	Gipsraum		Lukas Galantay
24	Atelier Ebenaustrasse		Hansjürg Buchmeier
25	Wohnüberbauung Allmend, Baden / CH (Burkard Meyer Architekten, Oliver Dufner)	*	Roger Frei
26	Fotostudio		Markus Käch
27	Schlachtgeschoss, Einkaufszentrum in Dhaka / BD	*	Philipp Betschart
28	Härtetest, Abreise ins Melchtal / CH	Modul Kontext Bau 1	Markus Käch
29	Atelierimpression, Ebenaustrasse		Hansjürg Buchmeier
30	Modell von Ivo Oberholzer	Masterthesis	Lukas Galantay
31	Hort Ilgen, Zürich / CH (Wolfgang Rossbauer)	*	Dominique Marc Wehrli
32	Modulendprüfungen, D-Geschoss		Hansjürg Buchmeier
33	Projektarbeit: Oliver Zumbühl, Uli Herres	*	Lukas Galantay
34	Hochschule Luzern – Technik & Architektur		Lukas Galantay
35	Strukturmodell von Mario Tschopp, auf der Fassade stehend		Lukas Galantay
36	Mensa-Küchenchef: Koni Aigner		Lukas Galantay
37	Härtetest im Melchtal / CH	Modul Kontext Bau 1	Lukas Galantay
38	Abschlussklasse des Bachelorstudiengangs		Lukas Galantay
39	Gipsraum		Lukas Galantay
40	Raumbild	Modul Visuelle Komposition	Céline Leist
41	Auf den Spuren von Harald Nägeli	Modul Räumliche Vision	Fabian Zobrist, Martina Candreia
42	Piazza San Marco, Venedig / I	Exkursion CC EASE	Lars Grobe
43	Kunsthalle Luzern, Diplomarbeiten Bachelor und Master	Jahresausstellung	Markus Käch
44	Rokokorelevanz: Stuckprofile von Uli Herres		Luc Merx
45	«Schöne Momente», 1992 (Markus Käch)	*	Markus Käch
46	Modell von Fabian Huber	Modul Architektur und Struktur	Manuel Gächter
47	Nanpu Bridge, Shanghai / CN	*	Philipp Betschart
48	Hochschule Luzern – Technik & Architektur		Galantay / Google Earth
49	Symposium für Architekturpädagogiken	Tischgespräch	Markus Käch
50	Unbekanntes Modell	Modul 3-D Design Architektur	Hansjürg Buchmeier
51	Modell von Viola Müller	Modul Architektur und Struktur	Markus Käch
52	Andrew Melville Hall, St. Andrews-Schottland / GB	Modul Externes Fachseminar	Nadia Bollinger
53	Fassadenprobe im Goniophotometer	Forschung CC EASE	Martin Vogel
54	Emmen virtuell	Modul Architektur und Umsetzung	Timo Walker
55	Härtetest im Melchtal	Modul Kontext Bau 1	Galantay / Käch
56	Modell, Wohnbauprojekt in Brüssel-Molenbeek / BE	Modul Architektur und Kontext	Jana Mulle, Jessica Pereira
57	Siedlung Bachstrasse, Suhr / CH (Zimmermann Architekten)	*	Hannes Henz
58	Dom, Köln / D	Modul Externes Fachseminar	Kerstin Maurer
59	Endspurt im F-Geschoss		Lukas Galantay
60	Schneeschuhwanderung in Engelberg / CH	Winterschool	Dominik Joho
61	Modell von Martin Fäh	Modul Grundlagen der Architektur	Lukas Galantay
62	Hochschule Luzern – Technik & Architektur		Galantay / Google Earth

#	Description	Module	Author
63	Modell von Kristina Marxer	Master Fokus Struktur	Kristina Marxer
64	Tischkritik in der Entwurfsgruppe von Ivo Thalmann	Modul Architektur und Kontext	Markus Käch
65	St. Benedictusberg Abbey, Vaals / NL	Modul Externes Fachseminar	Melanie Buchschacher
66	Innenraum	Modul 3-D Design Architektur	Luca Gaffuri
67	Gruppenbild mit Besuch aus Moskau: Olga Aleksakova, Julia Bourdova	Moscow Architecture School	Markus Käch
68	Tony Fretton	Symposium Architekturpädagogiken	Markus Käch
69	Bruder Klaus Kapelle, Wachendorf / CH	Modul Externes Fachseminar	Claudia Ruessli
70	Foyer Mädersaal		Hansjürg Buchmeier
71	Dieter Geissbühler	Master Fokus Material	Hansjürg Buchmeier
72	Materialbibliothek		Lukas Galantay
73	Klostergang, Engelberg / CH	Winterschool	Silas Maurer
74	Modellstudie		Hansjürg Buchmeier
75	Kongresshaus Biel mit Quadkopter	Modul Räumliche Vision	Selaudin Useini
76	Atelier Ebenaustrasse		Hansjürg Buchmeier
77	Atelier F-Geschoss		Hansjürg Buchmeier
78	Wohn- und Geschäftshaus Bleichemattstrasse, Aarau / CH (Zimmermann Architekten)	*	Hannes Henz
79	Fotostudio		Lukas Galantay
80	Franco Pajarola		Hansjürg Buchmeier
81	Modell von Kadir Asani	Master Fokus Struktur	Lukas Galantay
82	Gipsraum		Lukas Galantay
83	Peter Schwehr, Lars Schuchert	Forschung CCTP	Markus Käch
84	Holzwerkstatt		Lukas Galantay
85	Aussicht in den Winter		Jürgen Beck
86	Hort in Ilgen, Zürich / CH (Wolfgang Rossbauer)	*	Dominique Marc Wehrli
87	Atelier F-Geschoss	Masterthesis	Markus Käch
88	«Mobiler Jagdhochsitz», Aargau / CH	*	Lukas Galantay
89	Holzwerkstatt		Lukas Galantay
90	Modell von Rushan Sejdini	Master Fokus Material	Markus Käch
91	Berufsbildungszentrum Baden / CH (Burkard Meyer Architekten, Oliver Dufner)	*	Roger Frei
92	Christine Jungo und Lukas Galantay im Fotostudio		Hansjürg Buchmeier
93	Härtetest im Melchtal	Modul Kontext Bau 1	Galantay / Käch
94	Umbau, Bad Uttwil / CH (Käferstein & Meister Architekten)	*	Goswin Schwendinger
95	Fotostudio	Bachelordiplomarbeit	Lukas Galantay
96	Küche: Ruth Zimmermann, Nasty Tipparat		Lukas Galantay
97	Sitzungszimmer Bergstation, Chäserrugg / CH (Herzog & de Meuron)	Retraite Akad. Leitungsgremium	Hansjürg Buchmeier
98	Projektarbeit: Oliver Zumbühl, Uli Herres		Lukas Galantay
99	Maria, Königin Des Friedens, Neviges / D (Gottfried Böhm)	Modul Externes Fachseminar	Anne Dürkes
100	Modell von Fabian Huber	Modul Grundlagen der Architektur	Markus Käch
101	Wartebereich Busdepot, Dhaka / BD	*	Philipp Betschart
102	Modellfoto		Hansjürg Buchmeier
103	Craigievar Castle, Schottland / GB	Modul Externes Fachseminar	Andrej Roth
104	Blick zur Aare, Wohnhäuser, Aarau / CH (Zimmermann Architekten)	*	Jürg Zimmermann
105	Kontextmodell	Modul Grundlagen der Architektur	Lukas Galantay
106	Hochschule Luzern – Technik & Architektur		Galantay / Google Earth
107	Auf dem Weg zum Horwer Campus		Lukas Galantay
108	Modell von Stefanie Jelinic	Modul Grundlagen der Architektur	Markus Käch
109	Mensateam Scolarest		Lukas Galantay
110	Barocksaal, Kloster Engelberg / CH	Winterschool	Silas Maurer
111	Modell von Patric Kofler	Masterthesis	Markus Käch
112	Özgür Üstel mit Situationsmodell	Master Fokus Energie	Lukas Galantay
113	Winter		Jürgen Beck
114	Volumenmodell von Mario Tschopp	Modul Grundlagen der Architektur	Markus Käch
115	Modell von Benedikt Profanter	Master Fokus Struktur	Lukas Galantay
116	Kunsthalle, Luzern / CH	Jahresausstellung	Markus Käch
117	Hermitage Castle, Schottland / GB	Modul Externes Fachseminar	Gian Marco Heldstab
118	Bergstation, Chäserrugg / CH (Herzog & de Meuron)	Retraite Akad. Leitungsgremium	Hansjürg Buchmeier
119	Neidpath Castle, Peebles, Schottland / GB	Modul Externes Fachseminar	Lukas Hausherr
120	Allmend, Baden / CH (Burkard Meyer Architekten, Oliver Dufner)	*	Roger Frei
121	Hochschule Luzern – Technik & Architektur		Galantay / Google Earth
122	Gruppenarbeit: Nadja Grüter, Justin Rellstab, Sarah Zoboli	Modul Grundlagen der Architektur	Markus Käch
123	Diplomfeier 2016		Lukas Galantay
124	Projektwettbewerb Bezirksgericht, Meilen / CH (Grigo Pajarola Architekten)	*	Grigo Pajarola Architekten

125	Schülerbank: Probesitzen durch Pater Thomas, Kloster Engelberg / CH	Winterschool	Roland Rossmaier
126	Raumbild	Modul Visuelle Komposition	Jasmin Sturzenegger
127	Tischgespräch	Symposium Architekturpädagogiken	Markus Käch
128	Das Pferd vor der Baustelle		Hansjürg Buchmeier
129	Atelier Ebenau		Markus Käch
130	Modell von Marina Rietmann und Carol Ast	Modul Architektur und Kontext	Markus Käch
131	Modell von Li Tie	Master Fokus Struktur	Lukas Galantay
132	Baustelle in Ifakara / TZ Studierende erstellen in 2 Wochen ein Ladengebäude	Summer School	Wolfgang Rossbauer
133	Talsee Showroom, Hochdorf / CH (Burkard Meyer Architekten, Oliver Dufner)	*	Valentin Jeck
134	Ausstellung Robert Omlin mit Videos von Studierenden im Museum Bruder Klaus, Sachseln / CH	Modul Kommunikation und Kultur	Lukas Galantay
135	Transluzente Farbtafeln vor Photovoltaik Modulen – Forschung zur resultierenden Mischfarbe	Forschung CC EASE	Markus Käch
136	Modell von Thomas Herger	Modul Architektur und Struktur	Thomas Herger
137	Härtetest im Melchtal	Modul Kontext Bau 1	Galantay / Käch
138	Arbeit am Modell, Klosterschreinerei, Engelberg / CH	Winterschool	Dominik Joho
139	Projekt für den Theaterplatz Luzern / CH	Modul Kunst und Architektur	Corinne Barben, Carine Amacker
140	Annika Seifert mit Studierenden, Ifakara / TZ	Summer School	Wolfgang Rossbauer
141	Abschlussklasse 2016	Master Architektur	Lukas Galantay
142	Modell von Melanie Doppmann	Bachelordiplomarbeit	Lukas Galantay
143	Arbeitsmodelle im Atelier	Modul Grundlagen der Architektur	Markus Käch
144	Modell von Sven von Euw	Master Fokus Architektur & Struktur	Markus Käch
145	Wandtafelbild, F - Geschoss		Lukas Galantay
146	«Die Andere Gegenwart» von Miriam Weyell, Niklaus Spoerri	*	Miriam Weyell
147	Modell von Dominic Spalt	Master Thesis	Markus Käch
148	Situationsmodell von Özgür Üstel	Master Fokus Energie	Lukas Galantay
149	Baustelle in Ifakara / TZ	Summer School	Wolfgang Rossbauer
150	Atelier F-Geschoss		Hansjürg Buchmeier
151	Modell von Marina Rietmann und Carol Ast	Modul Architektur und Kontext	Markus Käch
152	Bildinterview	Frage Heike Biechteler	Heike Biechteler
153	Bildinterview	Antwort Lionel Devlieger	Unknown Photographer
154	Bildinterview	Frage Heike Biechteler	Heike Biechteler
155	Bildinterview	Antwort Lionel Devlieger	Unknown Photographer
156	Bildinterview	Frage Heike Biechteler	Heike Biechteler
157	Bildinterview	Antwort Lionel Devlieger	Lionel Devlieger (Rotor)
158	Bildinterview	Frage Heike Biechteler	Heike Biechteler
159	Bildinterview	Antwort Lionel Devlieger	Lionel Devlieger (Rotor)
160	Bildinterview	Frage Heike Biechteler	Heike Biechteler
161	Bildinterview	Antwort Lionel Devlieger	Lionel Devlieger (Rotor)
162	Situationsmodell von Reto Schöb und Mario Huser	Modul Architektur und Kontext	Lukas Galantay
163	St. Gereon, Köln / D	Modul Externes Fachseminar	Dario Schmid
164	Atelierstudie		Lukas Galantay
165	Der rote Platz in St. Gallen	Modul Räumliche Vision	Sarah Zweifel
166	Abschlussmodell von Dominic Roth und Pascal Schnydrig	Modul Architektur und Kontext	Markus Käch
167	Besprechung	Modul Architektur und Struktur	Markus Käch
168	Räumungsarbeiten, F-Geschoss		Hansjürg Buchmeier
169	Wettbewerb Schulhaus, Laufen / CH (Zenit & Orad Architekten, Johannes Ritzer)		Johannes Ritzer
170	Arbeit am Detail		Markus Käch
171	Villa in Küsnacht / CH (Käferstein & Meister Architekten)	*	Goswin Schwendinger
172	Kindergarten in Stabio / CH (WE Architekten, Ludovica Molo + Felix Wettstein)	*	Alexandre Zveiger
173	Kunst und Bau, Kantonsschule, Zug / CH (Monika Kiss Horváth)	*	Karin Gauch, Fabien Schwartz
174	Gipsraum		Lukas Galantay
175	Haus in Rothenburg / CH (PARK Architekten, Peter Althaus, Markus Lüscher)	*	Dominique Marc Wehrli
176	Markt, Dhaka / BD	*	Philipp Betschart
177	Mario Huser am Modell	Modul Architektur und Kontext	Markus Käch
178	Härtetest im Melchtal	Modul Kontext Bau 1	Lukas Galantay
179	Polygonaler Raume von Florian Gugger	Modul 3D-Design Architektur	Florian Gugger
180	Zwischenkritik	Bachelordiplomarbeit	Markus Käch
181	«Tinnitus Garten» (Maude Léonard-Contant)	*	Camillo Paravicini
182	Ansturm beim Materialverkauf		Markus Käch
183	Atelier F- Geschoss		Lukas Galantay

184	Modell von Patrick Herger	Master Fokus Material	Lukas Galantay
185	Plotterraum		Hansjürg Buchmeier
186	Ivo Oberholzer an der Schlusskritik	Master	Hansjürg Buchmeier
187	Modell von Michael Hurni	Master Fokus Struktur	Lukas Galantay
188	Gipsraum		Lukas Galantay
189	Mensaküche: Samuel Jäggi		Lukas Galantay
190	Werkhof Gasser, Oberhasli / CH (Käferstein & Meister Architekten)	*	Goswin Schwendinger
191	Modellteile		Hansjürg Buchmeier
192	Jägerhochsitz in Graubünden	*	Lukas Galantay
193	Fotostudio		Lukas Galantay
194	Michael Jackson auf dem Denkmal für Orlando di Lasso, München / D	*	Christian Zimmermann
195	Im Modell		Hansjürg Buchmeier
196	Atelierstudie		Hansjürg Buchmeier
197	Hausdienst: Isabel Pinheiro, Maria Rodriguez–Lomba		Hansjürg Buchmeier
198	Blick in den Hof		Hansjürg Buchmeier
199	Christi Auferstehung, Köln / D (Gottfried Böhm)	Modul Externes Fachseminar	Tobias Furter
200	Erweiterungsbau Rudolf-Steiner-Schule, Lenzburg / CH (Zimmermann Architekten)	*	Jürg Zimmermann
201	Treppenhaus Klosterpforte, Engelberg / CH	Winterschool	Silas Maurer
202	Lift		Hansjürg Buchmeier
203	Härtetest im Melchtal / CH	Modul Kontext Bau 1	Galantay / Käch
204	Gruppenarbeit: Laura Kaiser, Florian Gugger, Lukas Galliker	Modul Grundlagen der Architektur	Lukas Galantay
205	Christian Zimmermann im Kunsthaus Bregenz		Hansjürg Buchmeier
206	Modell von Ivo Wielander	Modul Architektur und Struktur	Markus Käch
207	Entsorgung in den Container		Hansjürg Buchmeier
208	Wolfgang Rossbauers Pulpo		Brigitte Buchmeier-Langer
209	Lichtexperiment	Modul Kunst und Architektur	Nadja Annen, Ueli Häfliger, Michael Kaufmann
210	Endspurt F-Geschoss	Bachelordiplomarbeit	Lukas Galantay
211	Werkhof Gasser, Oberhasli / CH (Käferstein & Meister Architekten)	*	Goswin Schwendinger
212	Diplomfeier		Lukas Galantay
213	Fahrt auf den Chäserrugg / CH		Hansjürg Buchmeier
214	Schneiden und Kleben		Hansjürg Buchmeier
215	Modellteile		Hansjürg Buchmeier
216	Fotostudio		Hansjürg Buchmeier
217	Modell von Anna Grabovska	Masterthesis	Lukas Galantay
218	Selaudin Useini filmt das Kongresshaus Biel / CH	Modul Räumliche Vision	Lukas Galantay
219	«i.ch: wie online leben uns verändert», Ausstellungsgestaltung (Nadine Jerchau)	*	Nau2 GmbH
220	Türen der Mönchszellen, Engelberg / CH	Winterschool	Silas Maurer
221	Container		Hansjürg Buchmeier
222	Der Weg ist das Ziel, Härtetest im Melchtal / CH	Modul Kontext Bau 1	Markus Käch
223	Feintuning auf dem kalibrierten Monitor		Lukas Galantay
224	Modell von Jason Thür	Master Fokus Material	Lukas Galantay
225	Modell von Renato Bosshard	Modul Architektur und Struktur	Christine Jungo
226	Neidpath Castle, Schottland / GB	Modul Externes Fachseminar	Philippe Geiser
227	Belgien – Irland 0:0		Lukas Galantay
228	Auf dem Weg zum Campus		Markus Käch
229	Modell von Carol Ast und Marina Rietmann	Modul Architektur und Raum	Lukas Galantay
230	Begehbarer Kühlschrank in der Mensaküche		Lukas Galantay
231	Holzstäbe	Master Keynote Lecture	Lukas Galantay
232	Gipsraum in der Schlussphase des Modellbaus		Markus Käch
233	Modell von Fabian Hux und Roland Baggenstoss	Modul Architektur und Kontext	Lukas Galantay
234	Villa in Küsnacht / CH (Käferstein & Meister Architekten)	*	Goswin Schwendinger
235	Atelier Ebenau		Markus Käch
236	Johannes Käferstein, Abteilungsleiter		Hansjürg Buchmeier

* Werke von Mitarbeitenden

Verzeichnis Vorträge

	Vortrag	Titel des Vortrags	Datum	Dauer
242	Tadashi Kawamata	Kawamata Projects 1980 – 2010	15.12.2011	78 Min.
243	Jonathan Sergison	Teaching Practice	10.10.2013	74 Min.
244	Harry Gugger	Construct Materiality	03.11.2011	106 Min.
245	Christoph Gantenbein, Tivadar Puskas	Wie wir zusammenarbeiten	22.11.2012	68 Min.
246	Christian Hönger	Struktur und Infrastruktur in der Architektur	26.03.2015	73 Min.
247	Yorick Ringeisen	Nachhaltig Bauen heisst ganzheitlich Planen	15.03.2012	80 Min.
248	Lionel Devlieger (Rotor)	Above Ground Mining & Contextual Redisigning	21.04.2016	83 Min.
249	Ricardo Bak Gordon	Von zu Hause zur Schule	23.05.2013	65 Min.
250	Paloma Strelitz, Anthony Engi-Meacock	Assemble Studio London	13.05.2016	62 Min.
251	Tom Emerson	Never Modern	21.11.2013	71 Min.
252	Gion A. Caminada	Orte schaffen	02.12.2010	96 Min.
253	Juhani Pallasmaa		05.12.2014	104 Min.
254	Jesse Reiser, Nanako Umemoto	Projection & Reception	26.04.2012	89 Min.
255	Horst Lechner	Leben & Arbeiten	12.04.2012	100 Min.
256	Samih Sawiris – Werner Oechslin	Podiumsdiskussion: Andermatt	14.12.2010	110 Min.
257	Jürg Conzett	Grenzen des Ingenieurbaus	05.05.2011	81 Min.
258	Mauricio Pezo, Sofia von Ellrichshausen	Normal Inventory	12.04.2013	83 Min.
259	Joseph Schwartz	Tragwerksentwurf in Ausbildung und Praxis	13.12.2012	76 Min.
260	Walter Unterrainer	Bauen in den Alpen, Architektur und Energie	04.11.2010	99 Min.
261	Andreas Hild	Gebäude – Gebilde – Gemenge	12.05.2011	77 Min.
262	André Murer, Markus Abegg	Studio Mumbai: Tagebuch aus der Praxis	04.10.2012	72 Min.
263	Stanislaus von Moos	Der Architekt Louis I. Kahn	16.05.2013	101 Min.
264	Job Floris	Monadnock, Rotterdam	20.10.2016	89 Min.

Alle Vorträge sind auf www.vorbilder.ch/lectures abrufbar.

Fotos: Markus Käch

Jahrbuch der Architektur 15 / 16		Papiere	LuxoArt Gloss 135 g/m²	
Hochschule Luzern – Technik & Architektur			PlanoJet Offset hochweiss 140 g/m²	
			Umschlag: Gmund Cement Grey 310 g/m²	
Verantwortlicher	Prof. Hansjürg Buchmeier	Schriften	Metric, Roboto Mono	
Konzeption	Peng Peng / Prof. Hansjürg Buchmeier	Auflage	700 Exemplare	
Gestaltung	Peng Peng – Klaus Fromherz & Martin Geel	Copyright 2016	Hochschule Luzern – Technik & Architektur und	
	www.pengpeng.ch		Quart Verlag Luzern. Alle Rechte vorbehalten.	
Mitarbeit	Lukas Galantay, Markus Käch, Christine Jungo	ISBN-Nr.	978-3-03761-148-7	
Druck	Druckerei Odermatt, Dallenwil	Quart Verlag GmbH, Denkmalstrasse 2, CH–6006 Luzern		
Bindung	Buchbinderei Burkhardt, Mönchaltorf	E-Mail: books@quart.ch, www.quart.ch